AF188124

Impressum
Verlag: BABADADA GmbH, Nedderfeld 112 , 22529 Hamburg
Geschäftsführer / Verlagsleitung: Harald Hof
Druck: Books on Demand GmbH, In de Tarpen 42, 22848 Norderstedt

Imprint
Publisher: BABADADA GmbH, Nedderfeld 112 , 22529 Hamburg, Germany
Managing Director / Publishing direction: Harald Hof
Print: Books on Demand GmbH, In de Tarpen 42, 22848 Norderstedt, Germany

skole

klaslokaal
klasseværelse

delen
dividere

186/2

bord
tavle

schoolplein
skolegård

leraar
lærer

papier
papir

schrijven
skrive

pen
pen

bureau
skrivebord

lineaal
lineal

boek
bog

leerling
elev

schooltas

skoletaske

etui

penalhus

potlood

blyant

puntenslijper

blyantspidser

gum

viskelæder

schetsblok

tegneblok

tekening

tegning

penseel

pensel

verfdoos

æske med vandfarver

schaar

saks

lijm

lim

schrift

opgavehefte

huiswerk

lektie

getal

tal

optellen

addere

aftrekken

subtrahere

vermenigvuldigen

multiplicere

rekenen

regne

letter

bogstav

alfabet

alfabet

woord

ord

tekst
tekst

lezen
læse

krijt
kridt

les
time

klassenboek
klasseprotokol

examen
eksamen

diploma
karakterbog

schooluniform
skoleuniform

opleiding
uddannelse

encyclopedie
leksikon

universiteit
universitet

microscoop
mikroskop

kaart
kort

prullenmand
papirkurv

hotel
hotel

hostel
herberg

wisselkantoor
vekselkontor

koffer
kuffert

auto
bil

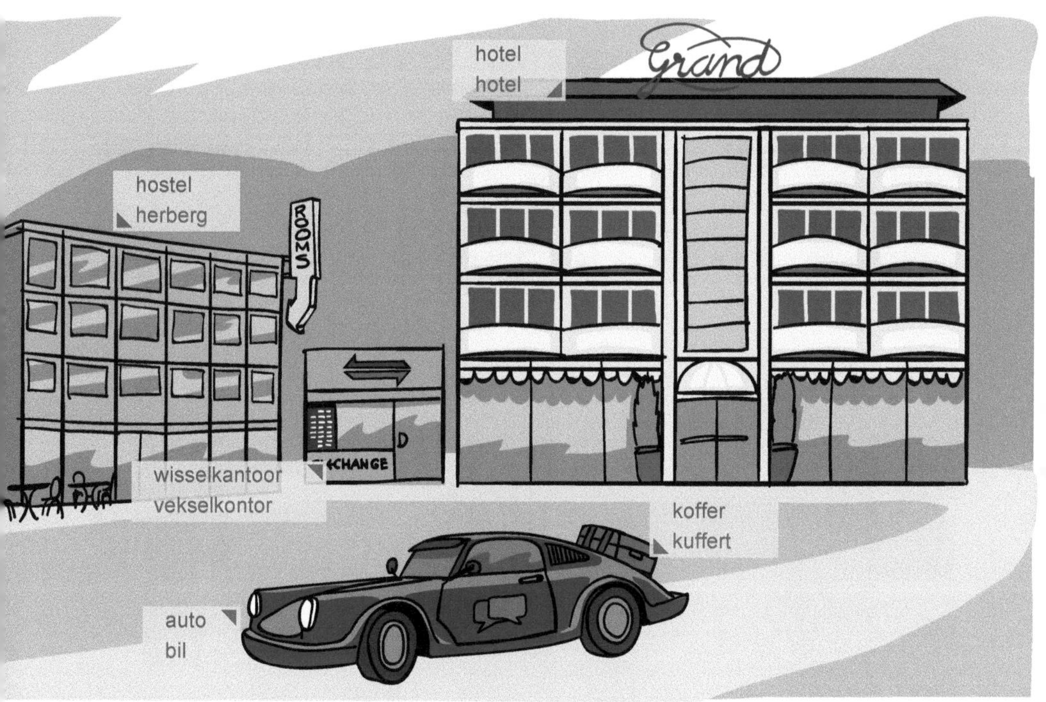

taal
sprog

ja / nee
ja / nej

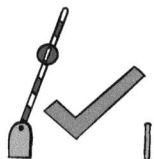

oké
okay

Hallo!
hej

tolk
oversætter

Bedankt.
tak

Wat kost ...?

hvad koster...?

Ik begrijp het niet.

Jeg forstår ikke

probleem

problem

Goedenavond!

God aften!

Goedemorgen!

God morgen!

Goedenacht!

God nat!

Tot ziens!

farvel

richting

retning

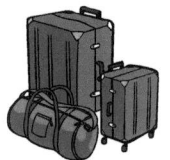

bagage

bagage

tas

taske

rugzak

rygsæk

gast

gæst

kamer

værelse

slaapzak

sovepose

tent

telt

VVV-kantoor

turistinformation

strand

strand

creditkaart

kreditkort

ontbijt

morgenmad

lunch

middagsmad

diner

aftensmad

kaartje

billet

lift

elevator

postzegel

frimærke

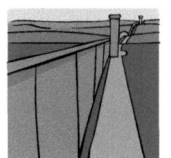

grens

grænse

douane

told

ambassade

ambassade

visum

visum

paspoort

pas

transport

transport

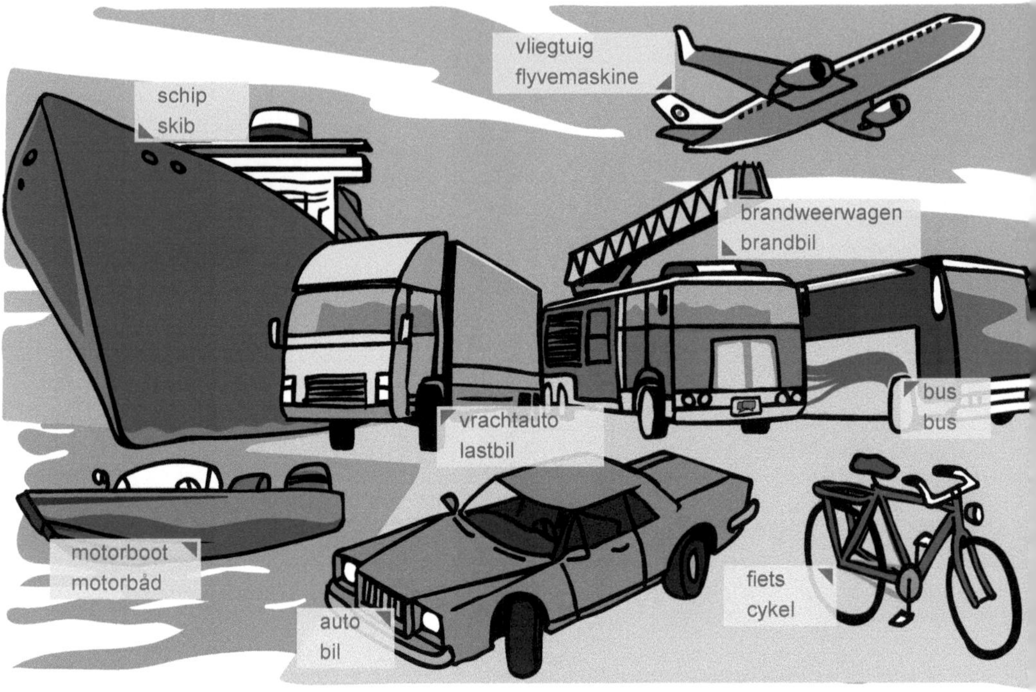
vliegtuig
flyvemaskine
schip
skib
brandweerwagen
brandbil
bus
bus
vrachtauto
lastbil
motorboot
motorbåd
fiets
cykel
auto
bil

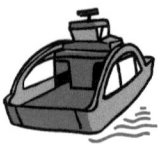

veerboot

færge

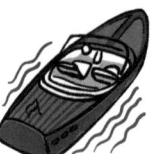

boot

båd

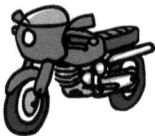

motorfiets

motorcykel

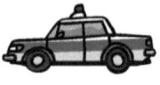

politiewagen

politibil

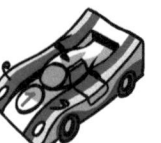

raceauto

racerbil

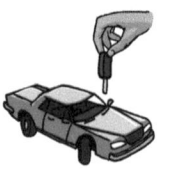

huurauto

lejebil

carsharing

samkørsel

takelwagen

kranbil

vuilniswagen

skraldebil

motor

motor

benzine

benzin

benzinepomp

tankstation

verkeersbord

trafikskilt

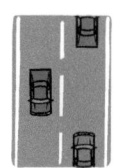

verkeer

trafik

file

trafikprop

parkeerplaats

parkeringsplads

station

banegård

rails

skinner

trein

tog

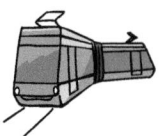

tram

sporvogn

wagon

wagon

helikopter
helikopter

luchthaven
lufthavn

toren
tårn

passagier
passager

container
container

verhuisdoos
karton

kar
kærre

mand
kurv

opstijgen / landen
starte / lande

stad
by

dorp
landsby

stadscentrum
bymidte

huis
hus

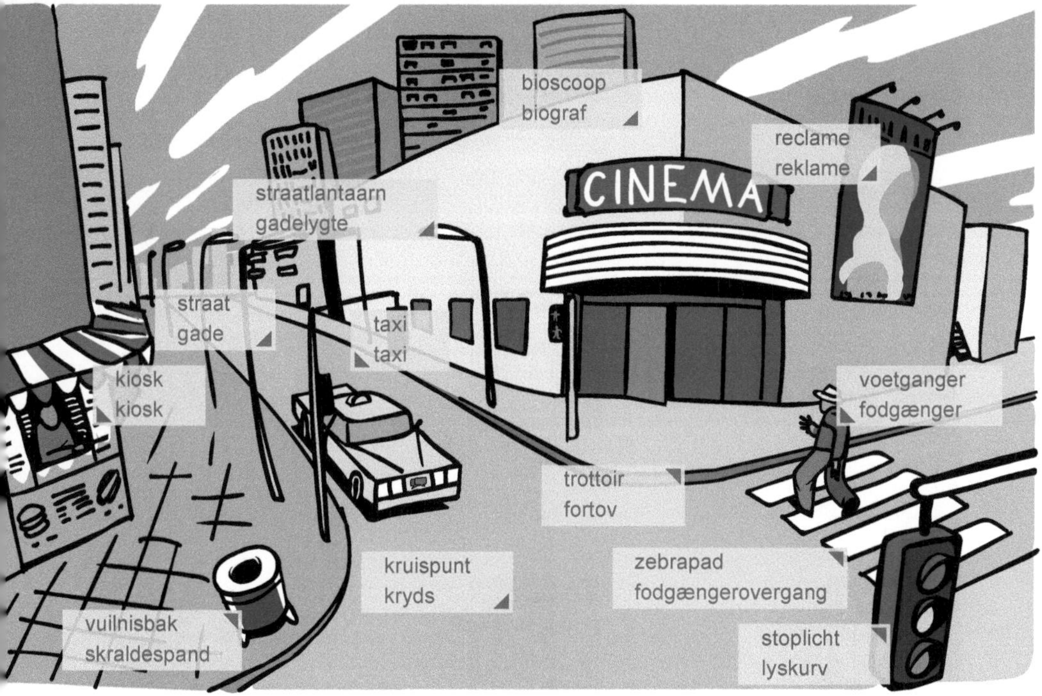

bioscoop
biograf

reclame
reklame

straatlantaarn
gadelygte

CINEMA

straat
gade

taxi
taxi

kiosk
kiosk

voetganger
fodgænger

trottoir
fortov

kruispunt
kryds

zebrapad
fodgængerovergang

vuilnisbak
skraldespand

stoplicht
lyskurv

hut
....
hytte

appartement
....
lejlighed

station
....
banegård

stadhuis
....
rådhus

museum
....
museum

school
....
skole

universiteit

universitet

bank

bank

ziekenhuis

sygehus

hotel

hotel

apotheek

apotek

kantoor

kontor

boekenwinkel

boghandel

winkel

butik

bloemenwinkel

blomsterbutik

supermarkt

supermarked

markt

marked

warenhuis

stormagasin

visboer

fiskehandler

winkelcentrum

butikscenter

haven

havn

park

park

bank

bænk

brug

bro

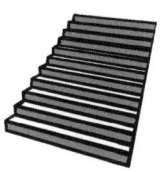

trap

trappe

metro

undergrundsbane

tunnel

tunnel

bushalte

busstoppested

bar

barnevogn

restaurant

restaurant

brievenbus

postkasse

straatnaambord

vejskilt

parkeermeter

parkometer

dierentuin

zoo

zwembad

badeanstalt

moskee

moske

boerderij

bondegård

vervuiling

miljøforurening

begraafplaats

kirkegård

kerk

kirke

speelplaats

legeplads

tempel

tempel

landschap

landskab

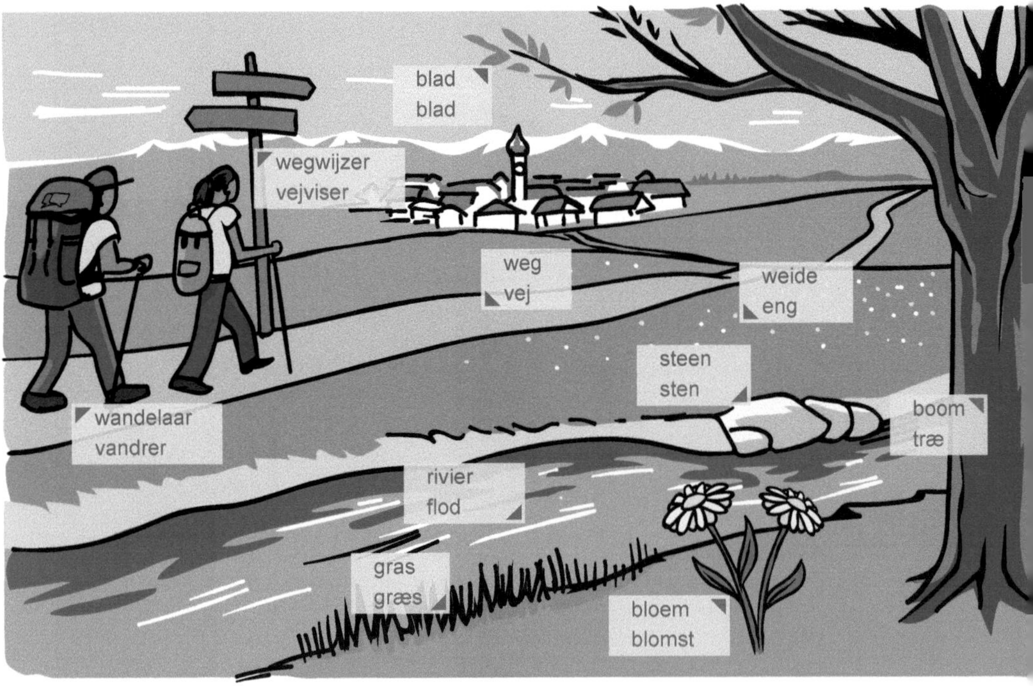

blad
blad

wegwijzer
vejviser

weg
vej

weide
eng

steen
sten

wandelaar
vandrer

boom
træ

rivier
flod

gras
græs

bloem
blomst

vallei
dal

berg
bjerg

meer
sø

bos
skov

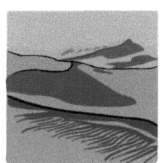

woestijn
ørken

vulkaan
vulkan

kasteel
slot

regenboog
regnbue

paddenstoel
svamp

palmboom
palme

mug
moskito

vlieg
flue

mier
myre

bij
bi

spin
edderkop

kever
bille

kikker
frø

eekhoorn
egern

egel
pindsvin

haas
hare

uil
ugle

vogel
fugl

zwaan
svane

wild zwijn
vildsvin

hert
hjort

eland
elg

stuwdam
dæmning

windmolen
vindmølle

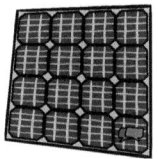

zonnepaneel
solcellemodul

klimaat
klima

restaurant
restaurant

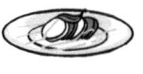

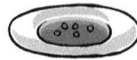

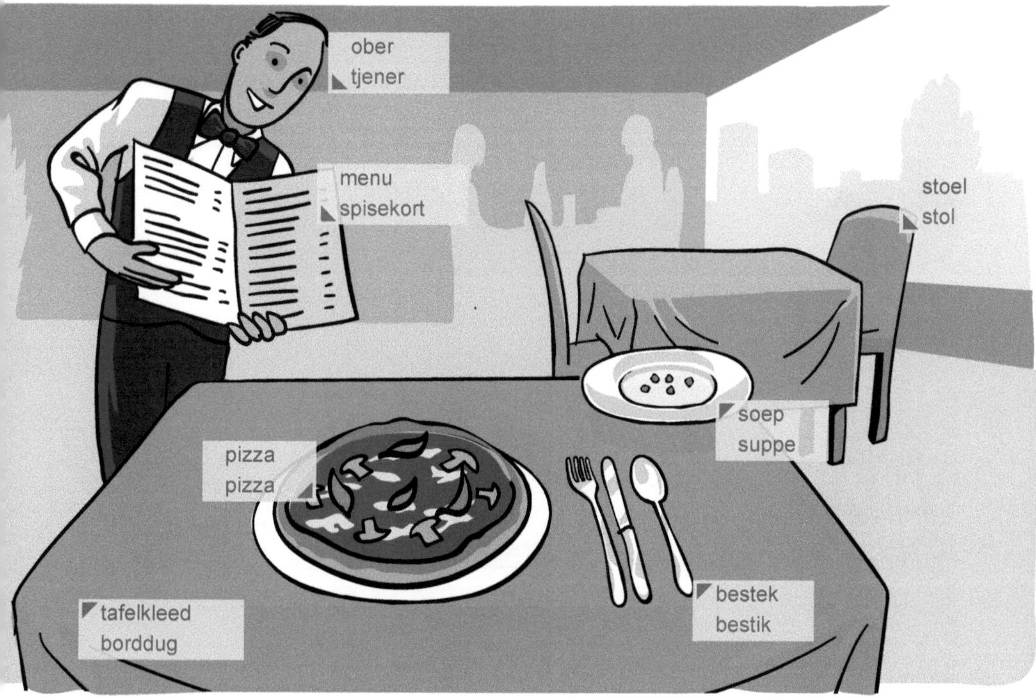

ober
tjener
menu
spisekort
stoel
stol
soep
suppe
pizza
pizza
bestek
bestik
tafelkleed
borddug

voorgerecht

forret

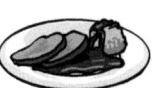

hoofdgerecht

hovedret

toetje

dessert

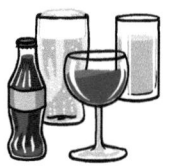

dranken

drikkevarer

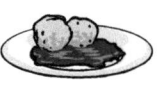

eten

mad

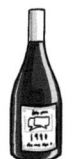

fles

flaske

fastfood

fastfood

eetkraampje

streetfood

theepot

tekande

suikerpot

sukkerdåse

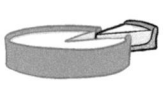

portie

portion

espressomachine

espressomaskine

kinderstoel

barnestol

rekening

faktura

dienblad

tablet

mes

kniv

vork

gaffel

lepel

ske

theelepel

teske

servet

serviet

glas

glas

restaurant - restaurant

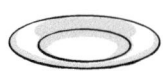

bord
tallerken

soepbord
dyb tallerken

schotel
underkop

saus
sovs

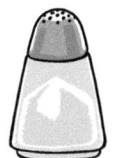

zoutvaatje
saltbøsse

pepermolen
peberkværn

azijn
eddike

olie
olie

kruiden
krydderier

ketchup
ketchup

mosterd
sennep

mayonaise
mayonnaise

supermarkt
supermarked

aanbieding
tilbud
FOR
klant
kunde
zuivelproducten
mælkeprodukter
fruit
frugt
winkelwagen
indkøbsvogn

BUTCHERS

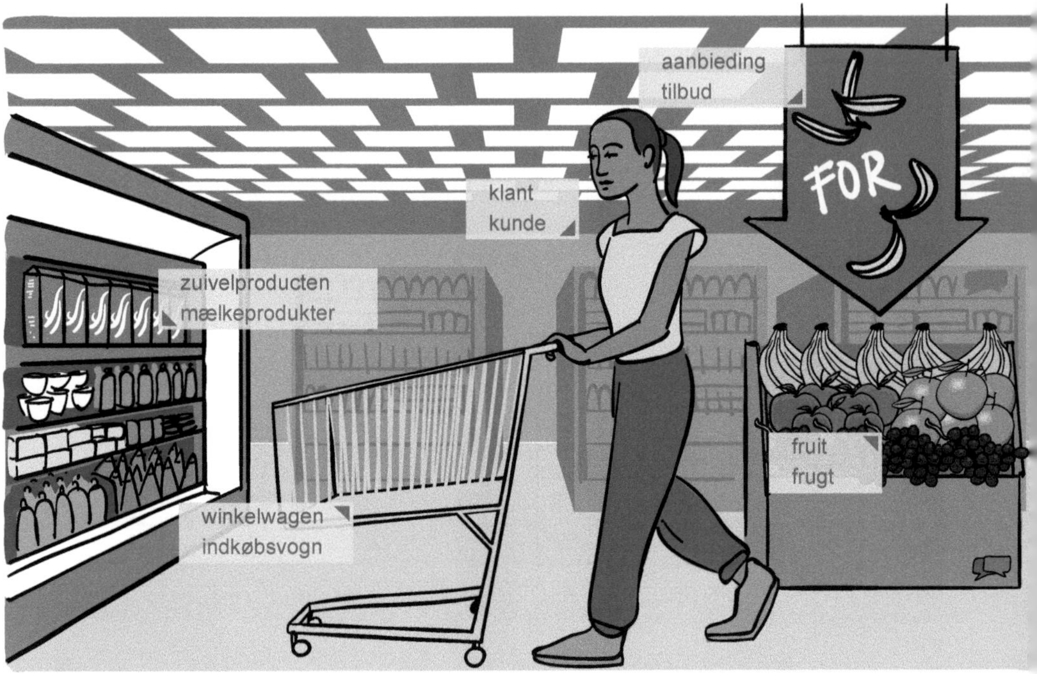

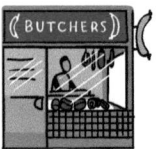

slager

slagter

BAKERY

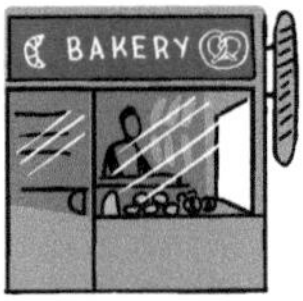

bakkerij

bageri

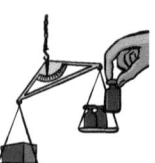

wegen

veje

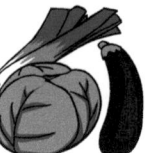

groente

grøntsager

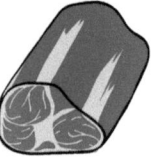

vlees

kød

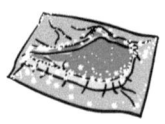

diepvriesproducten

frostvarer

vleeswaren

pålæg

conserven

konserves

wasmiddel

vaskemiddel

snoepgoed

slik

huishoudelijke artikelen

husholdningsvarer

schoonmaakmiddel

rengøringsmidler

verkoopster

ekspedient

kassa

kasse

kassier

kasserer

boodschappenlijstje

indkøbsliste

openingstijden

åbningstider

portefeuille

tegnebog

creditkaart

kreditkort

tas

taske

plastic zak

plasticpose

supermarkt - supermarked

water
vand

sap
saft

melk
mælk

cola
cola

wijn
vin

bier
øl

alcohol
alkohol

chocolademelk
kakao

thee
te

koffie
kaffe

espresso
espresso

cappuccino
cappuccino

banaan

banan

appel

æble

sinaasappel

appelsin

watermeloen

melon

citroen

citron

wortel

gulerod

knoflook

hvidløg

bamboe

bambus

ui

løg

paddenstoel

svamp

noten

nødder

pasta

nudler

spaghetti

spaghetti

rijst

ris

salade

salat

friet

pomfritter

gebakken aardappelen

stegte kartofler

pizza

pizza

hamburger

hamburger

sandwich

sandwich

schnitzel

schnitzel

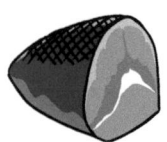

ham

skinke

salami

salami

worst

pølse

kip

kylling

gebraad

steg

vis

fisk

havermout
havregryn

muesli
mysli

cornflakes
cornflakes

meel
mel

croissant
croissant

broodjes
rundstykke

brood
brød

toast
toast

koekjes
kiks

boter
smør

kwark
kvark

taart
kage

ei
æg

gebakken ei
spejlæg

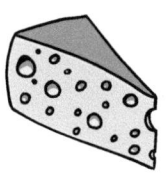

kaas
ost

ijs
is

suiker
sukker

honing
honning

jam
marmelade

chocoladepasta
nougat-creme

kerrie
karry

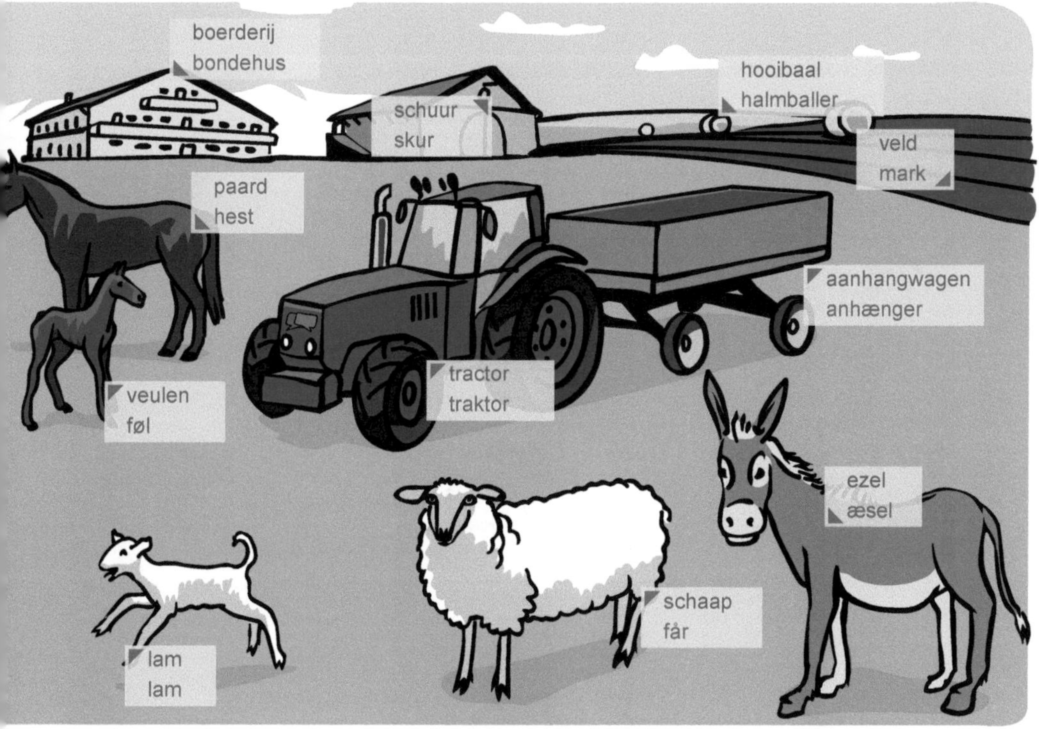

boerderij
bondehus

schuur
skur

hooibaal
halmballer

veld
mark

paard
hest

aanhangwagen
anhænger

tractor
traktor

veulen
føl

ezel
æsel

schaap
får

lam
lam

 geit ged	 koe ko	 kalf kalv
 varken svin	 big gris	 stier tyr

gans

gås

eend

and

kuiken

kylling

kip

høne

haan

hane

rat

rotte

kat

kat

muis

mus

os

okse

hond

hund

hondenhok

hundehus

tuinslang

haveslange

gieter

vandkande

zeis

le

ploeg

plov

sikkel
segl

schoffel
hakkejern

hooivork
møggreb

bijl
økse

kruiwagen
trillebør

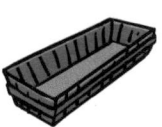

trog
trug

melkbus
mælkekande

zak
sæk

hek
hæk

stal
stald

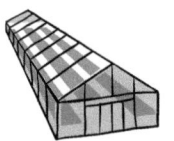

broeikas
drivhus

grond
jord

zaad
frø

mest
gødning

maaidorser
mejetærsker

oogsten

høste

oogst

høst

yam

yams

tarwe

hvede

soja

soja

aardappel

kartoffel

maïs

majs

koolzaad

raps

fruitboom

frugttræ

maniok

maniok

granen

korn

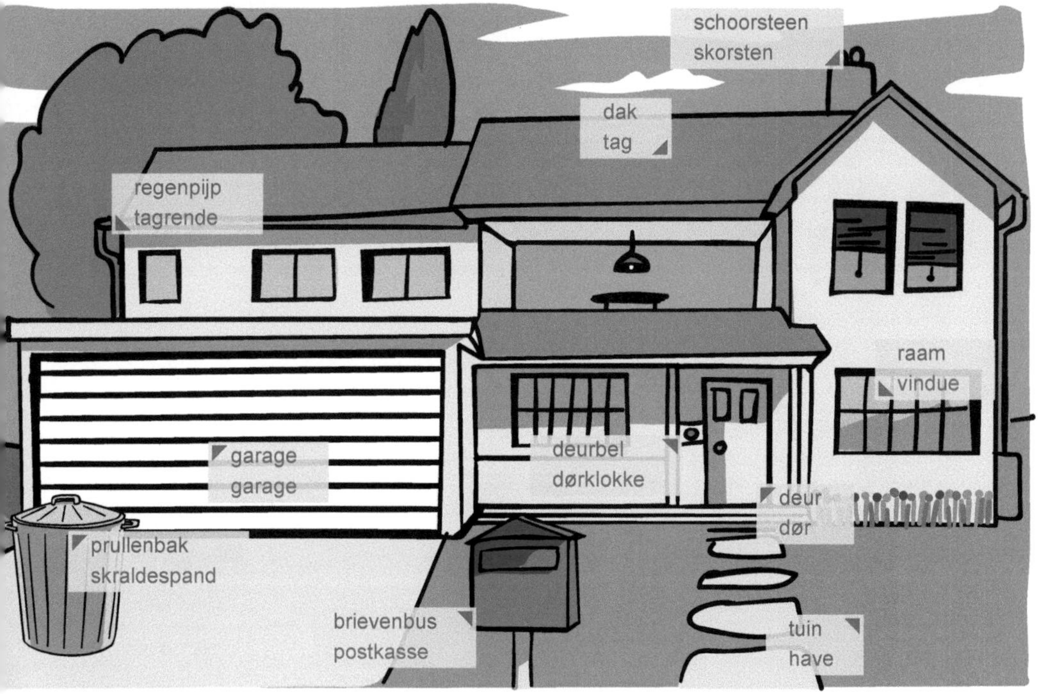

schoorsteen
skorsten

dak
tag

regenpijp
tagrende

raam
vindue

garage
garage

deurbel
dørklokke

deur
dør

prullenbak
skraldespand

brievenbus
postkasse

tuin
have

woonkamer

stue

badkamer

badeværelse

keuken

køkken

slaapkamer

soveværelse

kinderkamer

børneværelse

eetkamer

spisestue

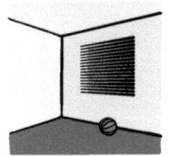

vloer

gulv

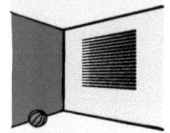

muur

væg

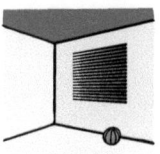

plafond

loft

kelder

kælder

sauna

sauna

balkon

altan

terras

terrasse

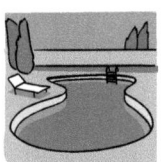

zwembad

svømmehal

grasmaaier

plæneklipper

laken

dynebetræk

bedsprei

dyne

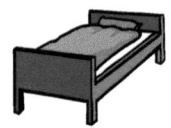

bed

seng

bezem

kost

emmer

spand

schakelaar

kontakt

woonkamer
stue

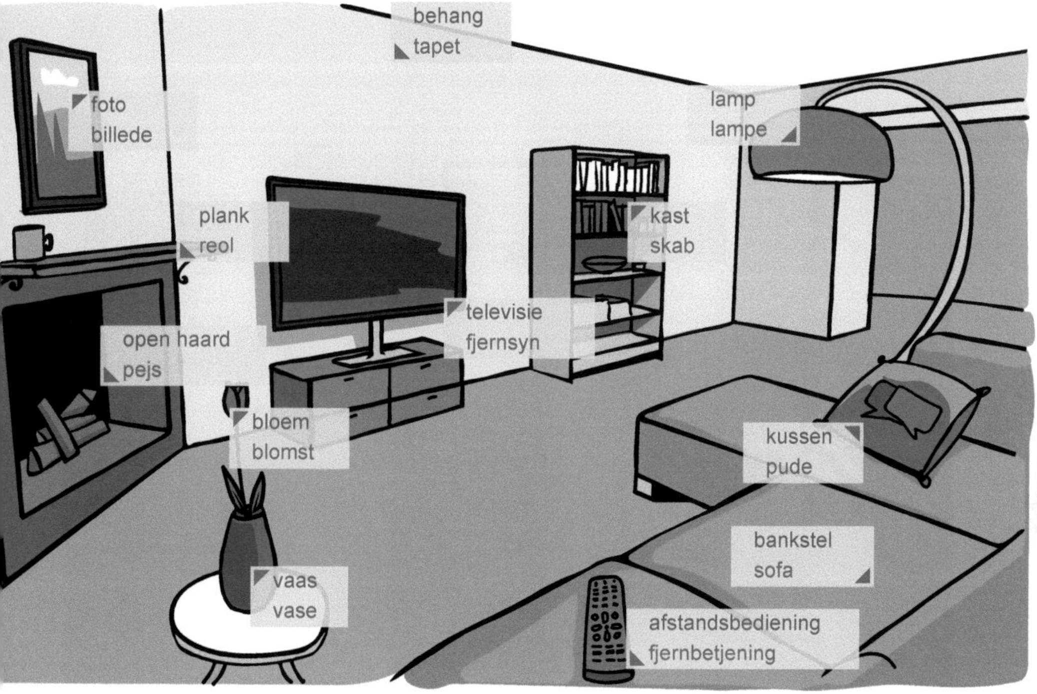

behang
tapet
foto
billede
lamp
lampe
plank
reol
kast
skab
televisie
fjernsyn
open haard
pejs
bloem
blomst
kussen
pude
bankstel
sofa
vaas
vase
afstandsbediening
fjernbetjening

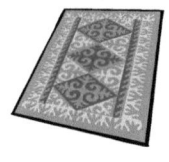

tapijt

gulvtæppe

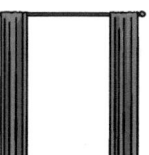

gordijn

gardin

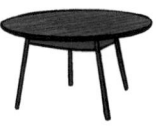

tafel

bord

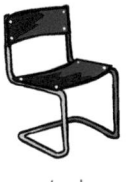

stoel

stol

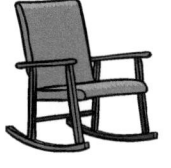

schommelstoel

gyngestol

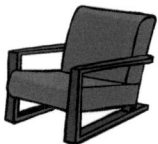

stoel

lænestol

boek
bog

deken
tæppe

decoratie
dekoration

brandhout
brænde

film
film

stereo-installatie
stereoanlæg

sleutel
nøgle

krant
avis

schilderij
maleri

poster
plakat

radio
radio

kladblok
notesblok

stofzuiger
støvsuger

cactus
kaktus

kaars
lys

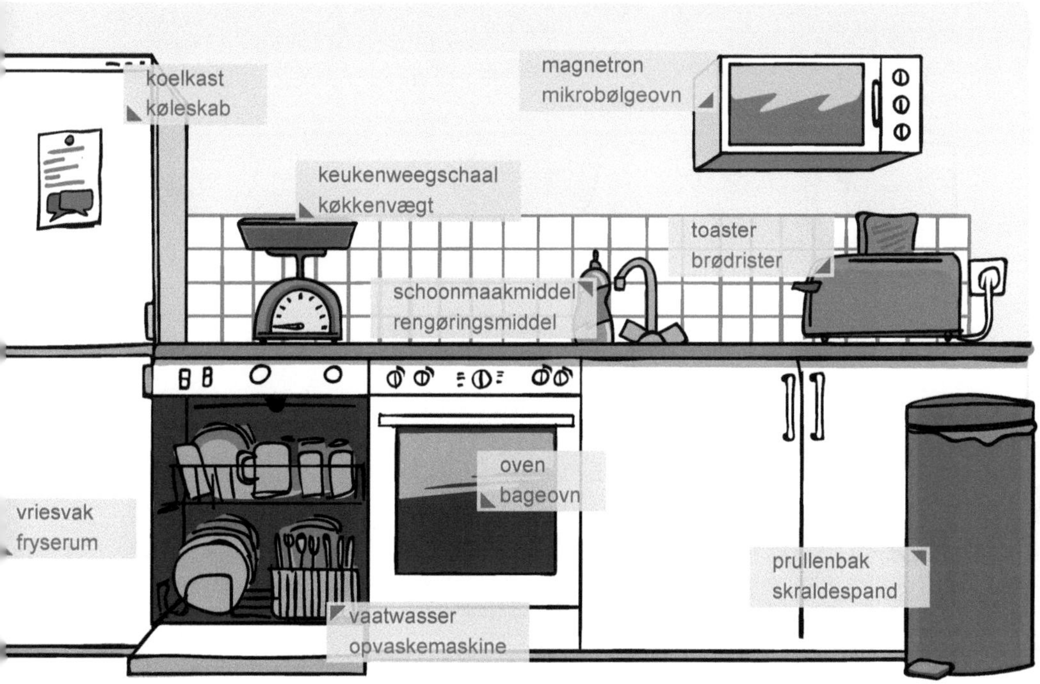

koelkast
køleskab

magnetron
mikrobølgeovn

keukenweegschaal
køkkenvægt

toaster
brødrister

schoonmaakmiddel
rengøringsmiddel

oven
bageovn

vriesvak
fryserum

prullenbak
skraldespand

vaatwasser
opvaskemaskine

fornuis
komfur

pan
gryde

gietijzeren pan
jerngryde

wok / kadai
wok / kadai

koekenpan
pande

ketel
elkedel

stoomkoker
dampkoger

bakplaat
bageplade

servies
service

beker
bæger

kom
skål

eetstokjes
spisepinde

soeplepel
øseske

spatel
paletkniv

garde
piskeris

vergiet
dørslag

zeef
si

rasp
rive

vijzel
morter

barbecue
grille

vuurhaard
ildsted

snijplank

skærebræt

deegroller

kagerulle

kurkentrekker

proptrækker

blik

dåse

blikopener

dåseåbner

pannenlap

grydelap

wasbak

køkkenvask

borstel

børste

spons

svamp

blender

blender

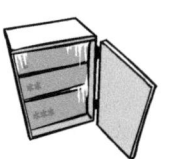

vriezer

dybfryser

babyflesje

sutteflaske

kraan

vandhane

badkamer

badeværelse

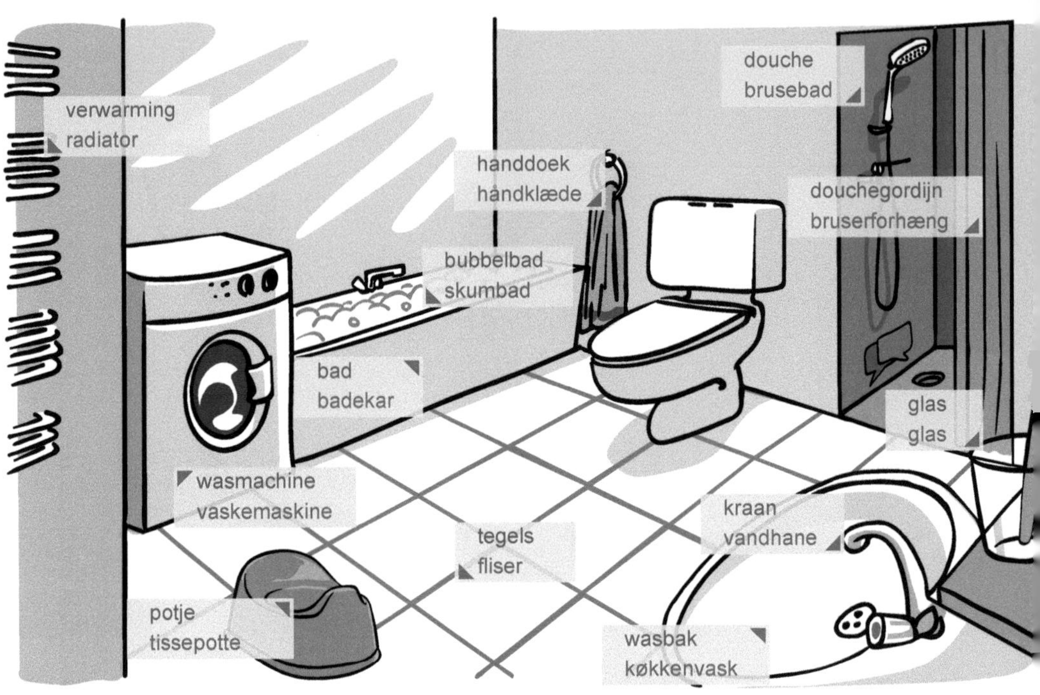

verwarming
radiator
douche
brusebad
handdoek
håndklæde
douchegordijn
bruserforhæng
bubbelbad
skumbad
bad
badekar
glas
glas
wasmachine
vaskemaskine
kraan
vandhane
tegels
fliser
potje
tissepotte
wasbak
køkkenvask

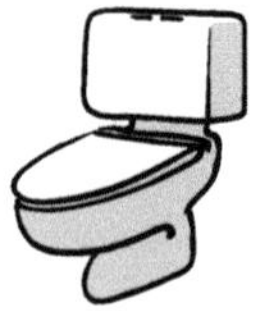

toilet

toilet

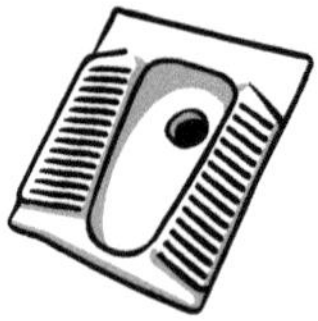

hurktoilet

hugsiddende toilet

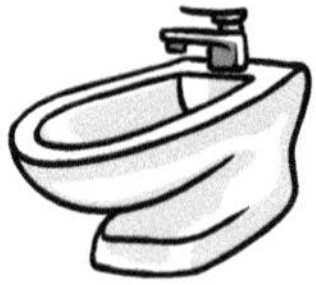

bidet

bidet

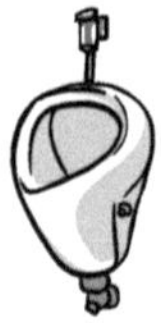

urinoir

pissoir

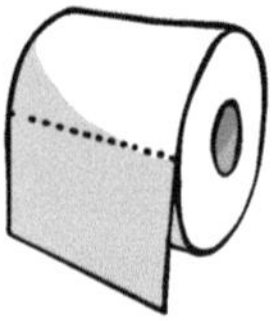

toiletpapier

toiletpapir

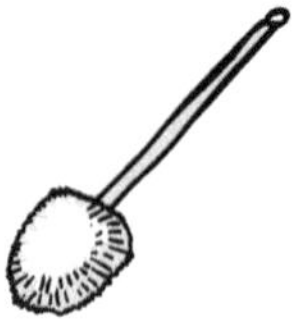

toiletborstel

toiletbørste

tandenborstel

tandbørste

tandpasta

tandpasta

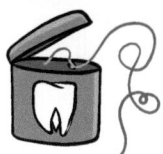

flosdraad

tandtråd

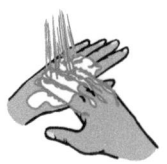

wassen

vaske

handdouche

håndbruser

toiletdouche

intimbruser

waskom

vaskefad

rugborstel

badebørste

zeep

sæbe

douchegel

brusegele

shampoo

shampoo

washanje

vaskeklud

afvoer

afløb

creme

creme

deodorant

deodorant

spiegel

spejl

make-upspiegel

kosmetikspejl

scheermes

barberhøvl

scheerschuim

barberskum

aftershave

barbervand

kam

kam

borstel

børste

haardroger

hårtørrer

haarspray

hårspray

make-up

makeup

lippenstift

læbestift

nagellak

neglelak

watten

vat

nagelschaartje

neglesaks

parfum

parfume

toilettas
....
toilettaske

kruk
....
skammel

weegschaal
....
vægt

badjas
....
badekåbe

rubber handschoenen
....
gummihandsker

tampon
....
tampon

maandverband
....
damebind

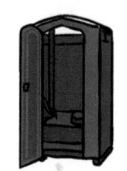

chemisch toilet
....
kemisk toilet

kinderkamer
børneværelse

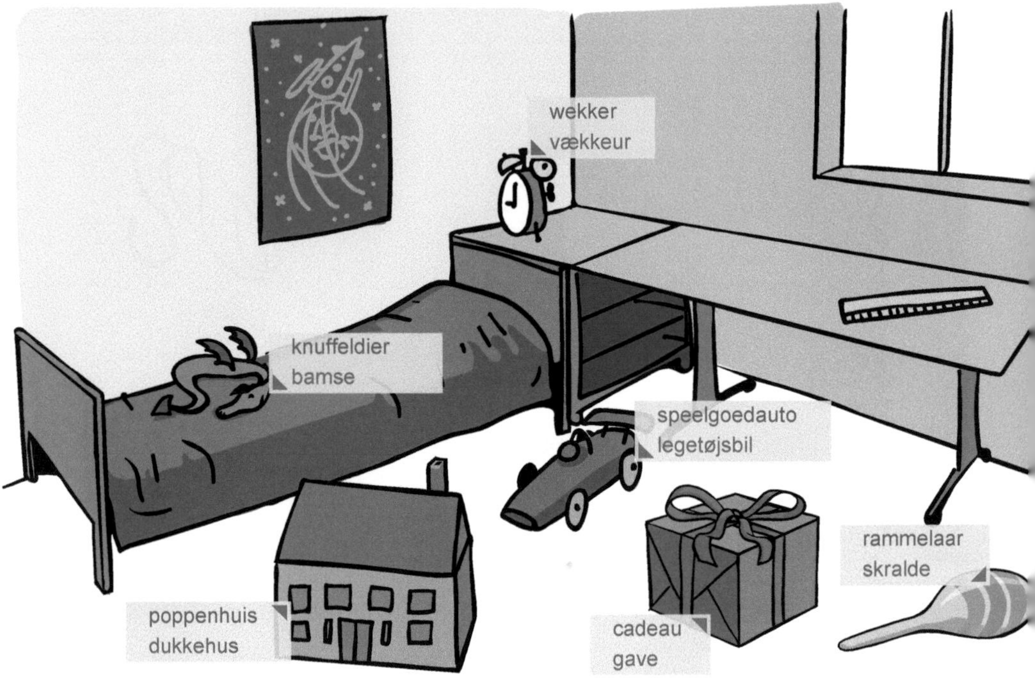

wekker
vækkeur
knuffeldier
bamse
speelgoedauto
legetøjsbil
rammelaar
skralde
poppenhuis
dukkehus
cadeau
gave

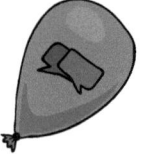

ballon
ballon

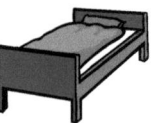

bed
seng

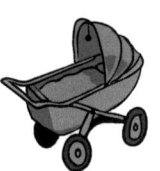

kinderwagen
barnevogn

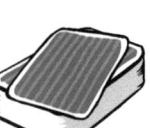

kaartspel
kortspil

puzzel
puslespil

SUPER
MEGA

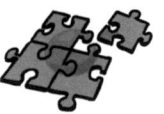

stripverhaal
tegneserie

legostenen

legoklodser

speelgoedblokken

byggeklodser

actiefiguurtje

action figur

romper

sparkedragt

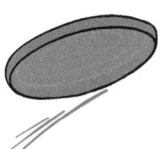

frisbee

frisbee

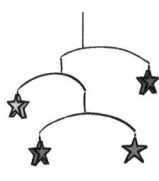

mobile

uro

bordspel

brætspil

dobbelsteen

terning

modeltrein

modeljernbane

speen

sut

feestje

fest

prentenboek

billedbog

bal

bold

pop

dukke

spelen

lege

zandbak

sandkasse

schommel

gynge

speelgoed

legetøj

spelcomputer

spillekonsol

driewieler

trehjulet cykel

teddybeer

bamse

kleerkast

klædeskab

kleding

tøj

sokken

sokker

kousen

strømper

panty

strømpebukser

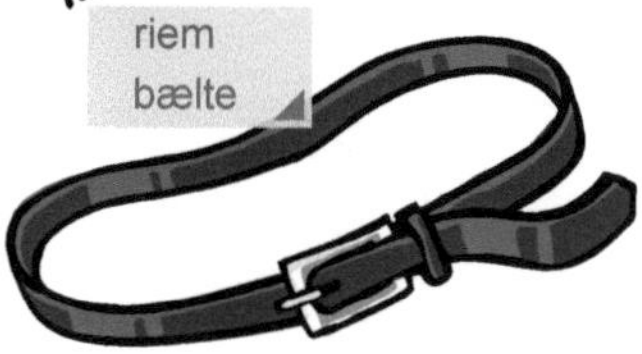

sjaal
sjal

paraplu
paraply

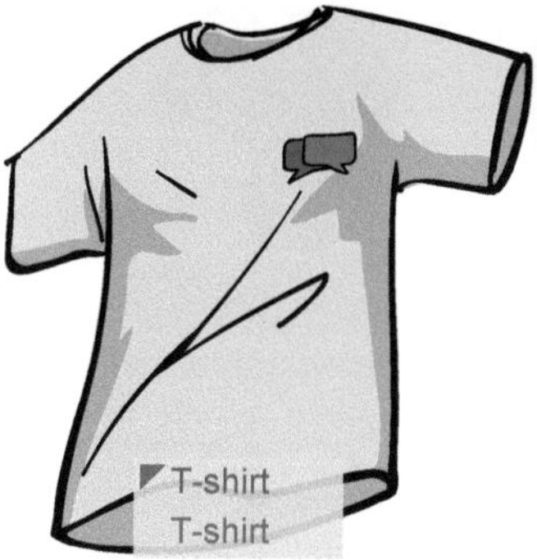

riem
bælte

T-shirt
T-shirt

sportschoenen
sneakers

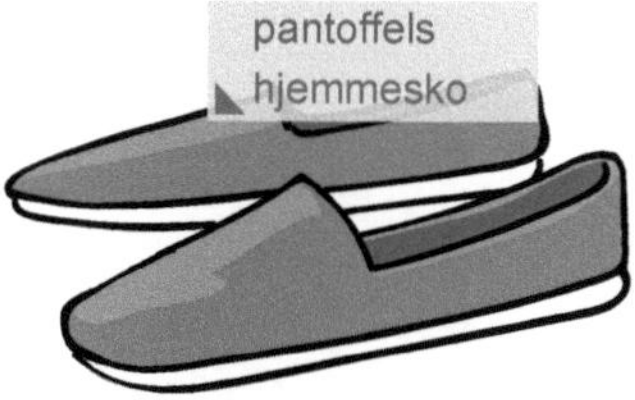

laarzen
støvler

pantoffels
hjemmesko

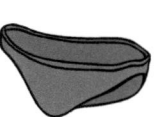

sandalen
·················
sandaler

schoenen
·················
sko

rubberlaarzen
·················
gummistøvler

onderbroek
·················
underbukser

beha
·················
BH

onderhemd
·················
undertrøje

body
body

broek
bukser

spijkerbroek
jeans

rok
nederdel

blouse
bluse

overhemd
skjorte

trui
pullover

hoody
sweatshirt

blazer
blazer

jas
jakke

mantel
frakke

regenjas
regnfrakke

kostuum
kostume

jurk
kjole

trouwjurk
brudekjole

pak

jakkesæt

nachthemd

nattrøje

pyjama

pyjamas

sari

sari

hoofddoek

hovedtørklæde

tulband

turban

boerka

burka

kaftan

kaftan

abaja

abaya

zwempak

badedragt

zwembroek

badebukser

korte broek

korte bukser

trainingspak

træningsdragt

schort

forklæde

handschoenen

handsker

knoop

knap

bril

briller

armband

armbånd

ketting

kæde

ring

ring

oorbel

ørering

pet

hue

kledinghanger

bøjle

hoed

hat

stropdas

slips

rits

lynlås

helm

hjelm

bretels

seler

schooluniform

skoleuniform

uniform

uniform

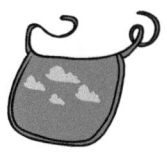

slabbetje

hagesmæk

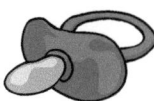

speen

sut

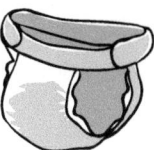

luier

ble

kantoor
kontor

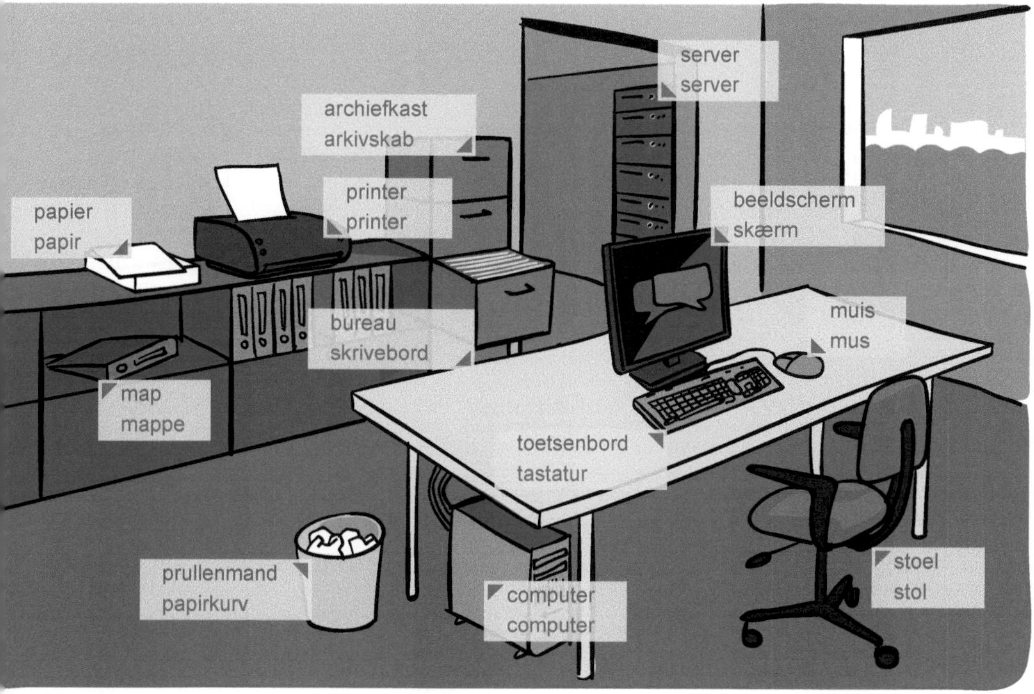
server
server
archiefkast
arkivskab
papier
papir
printer
printer
beeldscherm
skærm
bureau
skrivebord
muis
mus
map
mappe
toetsenbord
tastatur
prullenmand
papirkurv
computer
computer
stoel
stol

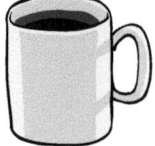

koffiemok

kaffekrus

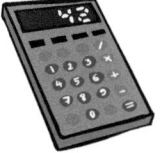

rekenmachine

lommeregner

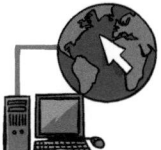

internet

internet

laptop
bærbar

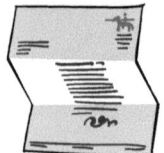

brief
brev

bericht
besked

mobiele telefoon
mobil

netwerk
netværk

kopieermachine
kopimaskine

software
software

telefoon
telefon

stopcontact
stikdåse

fax
fax

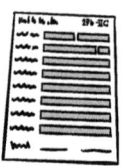

formulier
formular

document
dokument

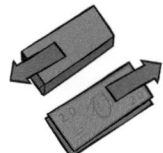

kopen
....
købe

betalen
....
betale

handel drijven
....
handle

geld
....
penge

 **USD**

dollar
....
dollar

EUR

euro
....
euro

 **JPY**

yen
....
yen

RUB

roebel
....
rubel

 **CHF**

Zwitserse frank
....
schweizerfranc

 **CNY**

renminbi yuan
....
renminbi yuan

INR

roepie
....
rupee

geldautomaat
....
hæveautomat

wisselkantoor

vekselkontor

goud

guld

zilver

sølv

olie

olie

energie

energi

prijs

pris

contract

kontrakt

belasting

skat

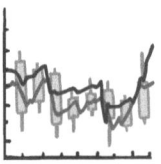

aandeel

aktie

werken

arbejde

werknemer

ansat

werkgever

arbejdsgiver

fabriek

fabrik

winkel

butik

politieagent
politimand

brandweerman
brandmand

kok
kok

dokter
læge

piloot
pilot

tuinman

gartner

timmerman

tømrer

naaister

syerske

rechter

dommer

scheikundige

kemiker

toneelspeler

skuespiller

buschauffeur
buschauffør

taxichauffeur
taxachauffør

visser
fisker

schoonmaakster
rengøringskone

dakdekker
tagdækker

ober
tjener

jager
jæger

schilder
maler

bakker
bager

elektricien
elektriker

bouwvakker
bygningsarbejder

ingenieur
ingeniør

slager
slagter

loodgieter
vvs-mand

postbode
postbud

soldaat

soldat

architect

arkitekt

kassier

kasserer

bloemist

blomsterhandler

kapper

frisør

conducteur

togfører

monteur

mekaniker

kapitein

kaptajn

tandarts

tandlæge

wetenschapper

videnskabsmand

rabbi

rabbiner

imam

imam

monnik

munk

pastoor

præst

gereedschap
værktøj

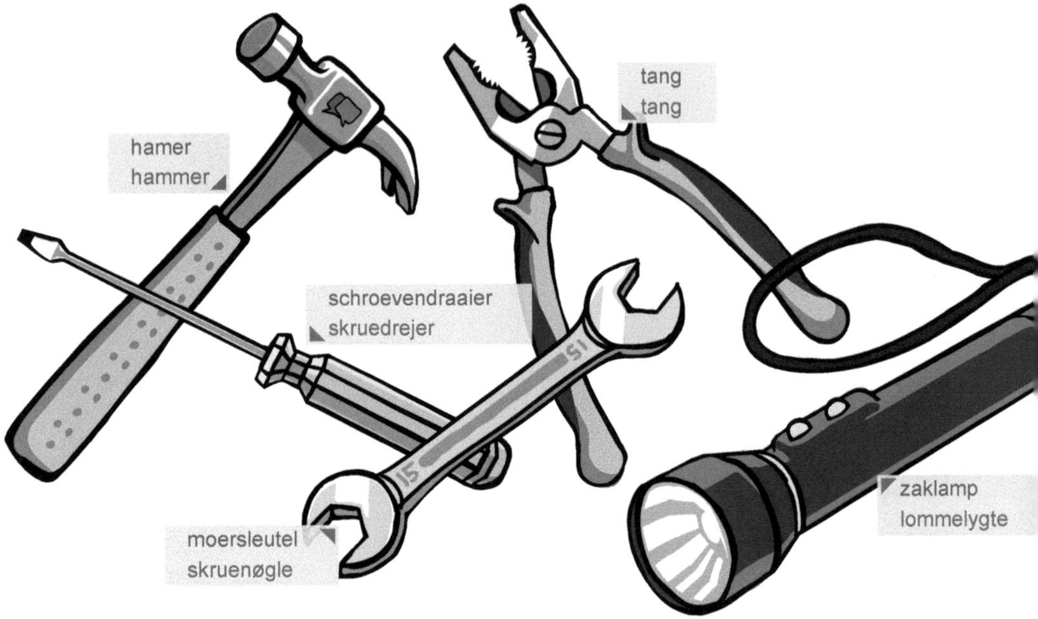

hamer
hammer
tang
tang
schroevendraaier
skruedrejer
moersleutel
skruenøgle
zaklamp
lommelygte

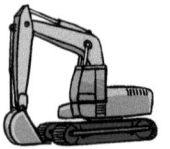

graafmachine

gravemaskine

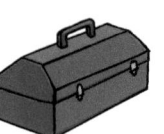

gereedschapskist

værktøjskasse

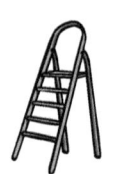

ladder

stige

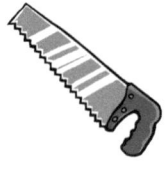

zaag

sav

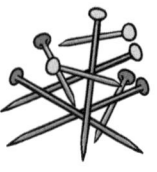

spijkers

søm

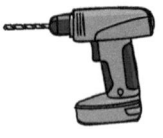

boor

bor

repareren
....
reparere

schep
....
skovl

Verdorie!
....
Lort!

stofblik
....
fejebakke

verfpot
....
malerspand

schroeven
....
skruer

muziekinstrumenten
musikinstrumenter

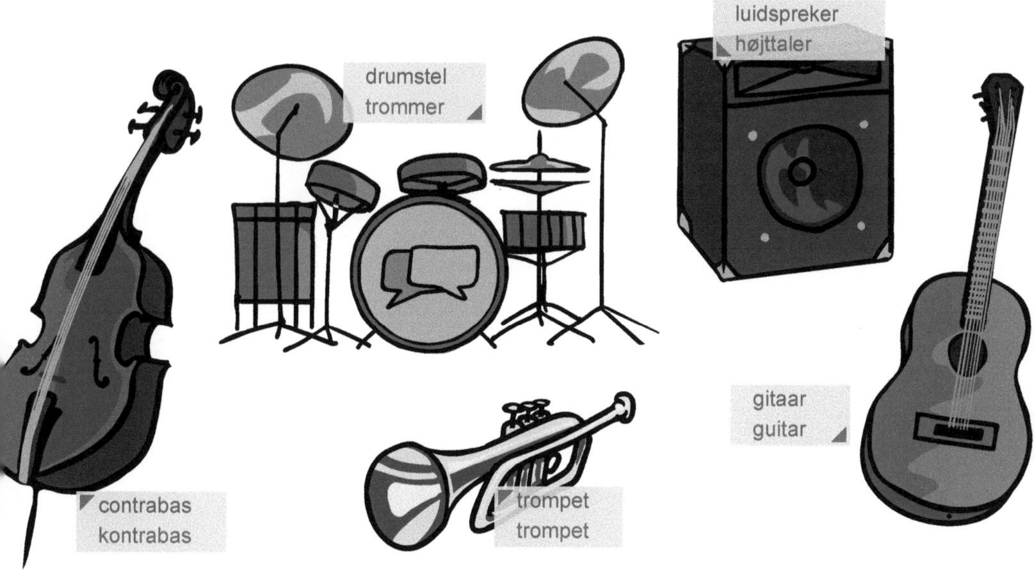

luidspreker
højttaler

drumstel
trommer

gitaar
guitar

contrabas
kontrabas

trompet
trompet

piano

klaver

viool

violin

bas

bas

pauk

pauke

trommel

tromme

keyboard

keyboard

saxofoon

saxofon

fluit

fløjte

microfoon

mikrofon

dierentuin

zoo

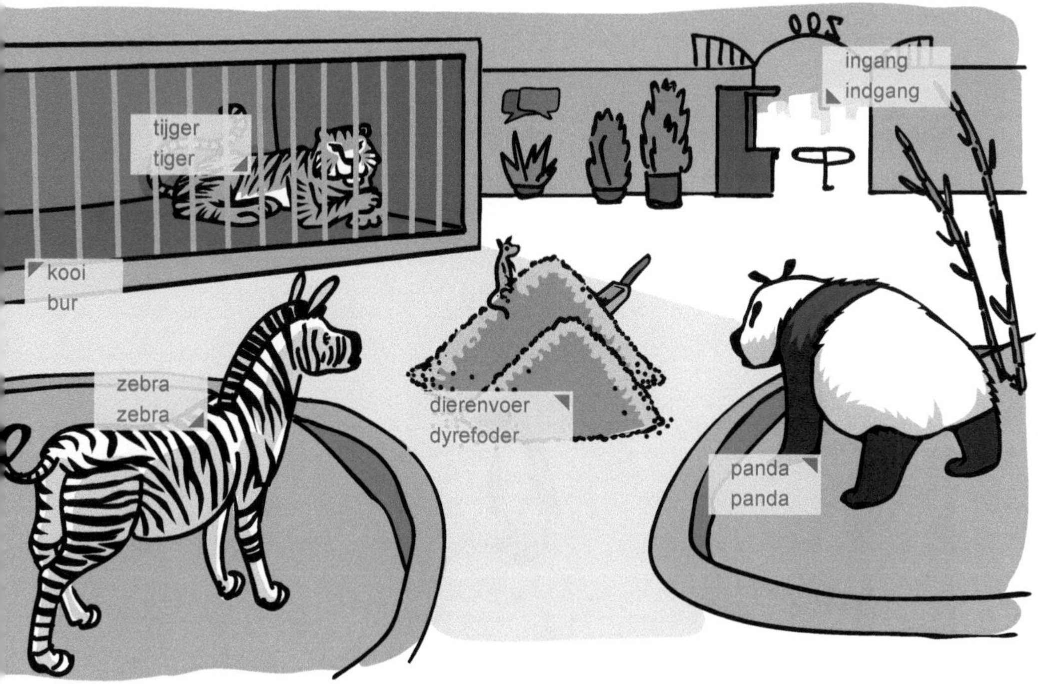
tijger
tiger
ingang
indgang
kooi
bur
zebra
zebra
dierenvoer
dyrefoder
panda
panda

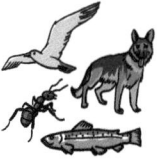

dieren

dyr

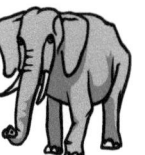

olifant

elefant

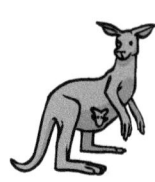

kangoeroe

kænguru

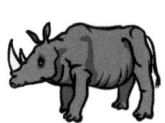

neushoorn

næsehorn

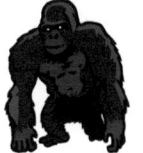

gorilla

gorilla

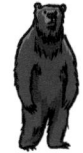

beer

bjørn

kameel

kamel

struisvogel

struds

leeuw

løve

aap

abe

flamingo

flamingo

papegaai

papegøje

ijsbeer

isbjørn

pinguïn

pingvin

haai

haj

pauw

påfugl

slang

slange

krokodil

krokodille

dierenverzorger

dyrepasser

zeehond

sæl

jaguar

jaguar

pony
pony

luipaard
leopard

nijlpaard
flodhest

giraffe
giraf

adelaar
ørn

wild zwijn
vildsvin

vis
fisk

schildpad
skildpadde

walrus
hvalros

vos
ræv

gazelle
gazelle

American football
amerikansk football

wielrennen
cykling

tennis
tennis

basketbal
basketball

zwemmen
svømning

boksen
boksning

ijshockey
ishockey

voetbal
fodbold

badminton
badminton

atletiek
atletik

handbal
håndbold

skiën
skiløb

polo
polo

activiteiten
aktiviteter

lachen
grine
springen
springe
knuffelen
give et knus
lopen
gå
zingen
synge
dromen
drømme
bidden
bede
kussen
kysse

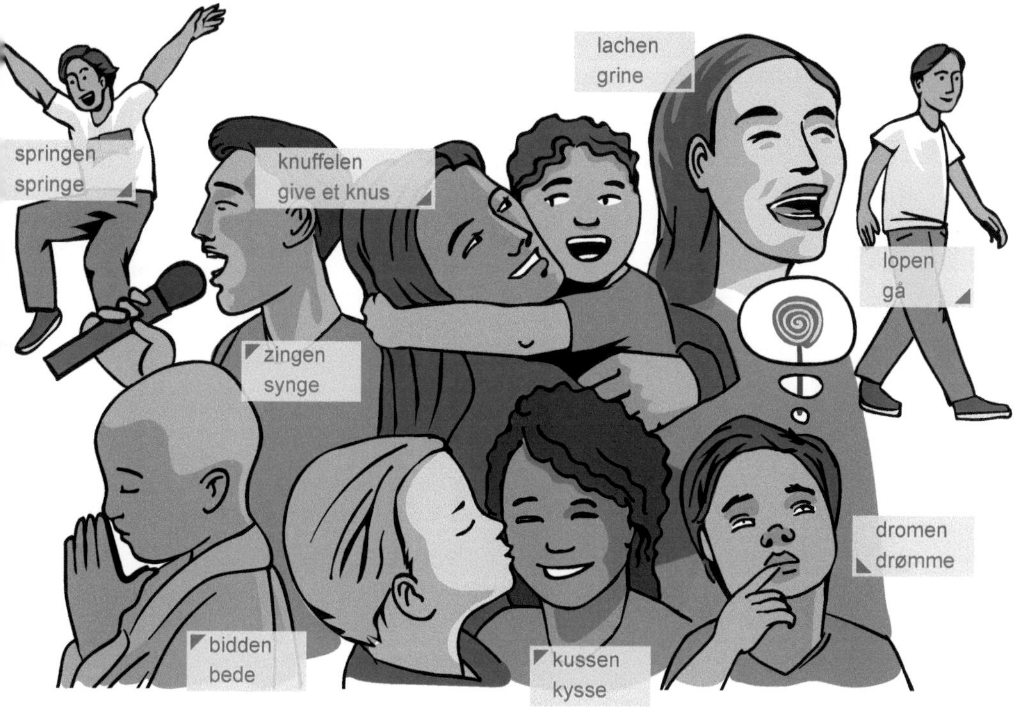

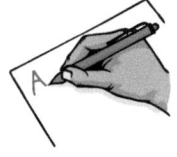

schrijven

skrive

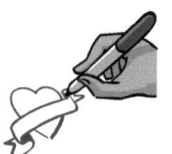

tekenen

tegne

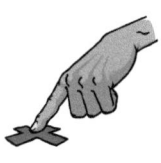

tonen

vise

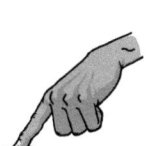

duwen

skubbe

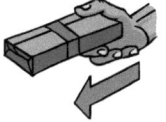

geven

give

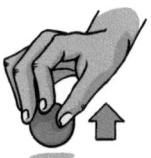

oppakken

tage

hebben

have

doen

gøre

zijn

være

staan

stå

rennen

løbe

trekken

trække

gooien

kaste

vallen

falde

liggen

ligge

wachten

vente

dragen

bære

zitten

sidde

aankleden

tage på

slapen

sove

wakker worden

vågne

bekijken

se på

huilen

græde

strelen

ae

kammen

kæmme

praten

tale

begrijpen

forstå

vragen

spørge

horen

høre

drinken

drikke

eten

spise

opruimen

rydde op

houden van

elske

koken

koge

rijden

køre

vliegen

flyve

activiteiten - aktiviteter

zeilen

sejle

rekenen

regne

lezen

læse

leren

lære

werken

arbejde

trouwen

gifte sig med

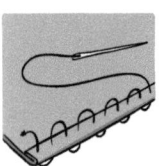

naaien

sy

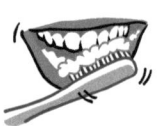

tandenpoetsen

børste tænder

doden

dræbe

roken

ryge

verzenden

sende

grootmoeder
bedstemor

grootvader
bedstefar

vader
far

moeder
mor

baby
baby

dochter
datter

zoon
søn

gast

gæst

tante

tante

oom

onkel

broer

bror

zus

søster

lichaam

krop

voorhoofd
pande
oog
øje
schouder
skulder
vinger
finger
gezicht
ansigt
kin
hage
hand
hånd
been
ben
borst
bryst
arm
arm

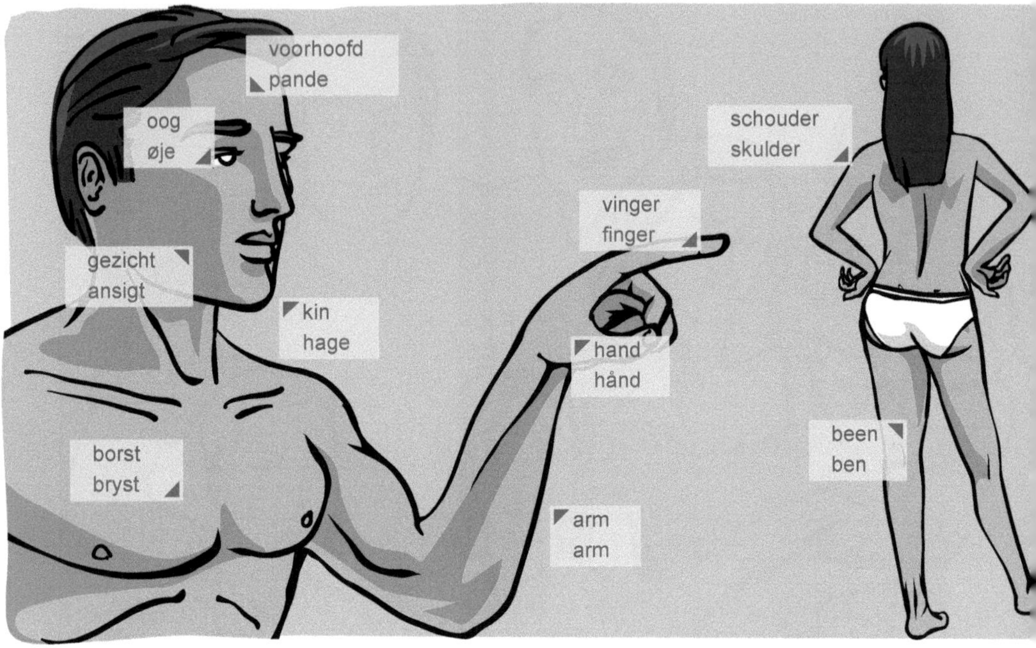

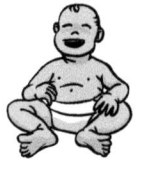

baby
baby

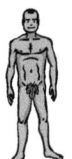

man
mand

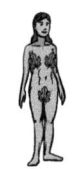

vrouw
kvinde

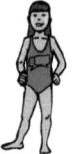

meisje
pige

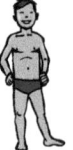

jongen
dreng

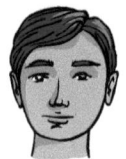

hoofd
hoved

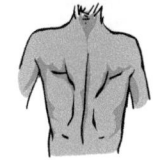

rug
ryg

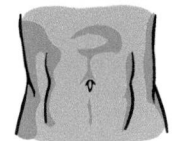

buik
mave

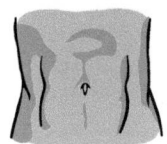

navel
navle

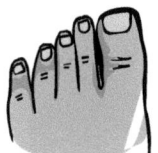

teen
tå

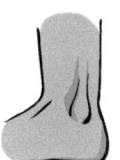

hiel
hæl

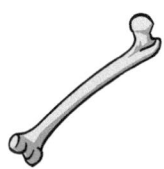

bot
knogle

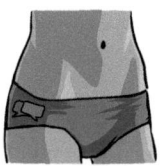

heup
hofte

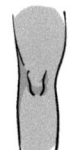

knie
knæ

elleboog
albue

neus
næse

achterwerk
bagdel

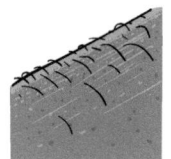

huid
hud

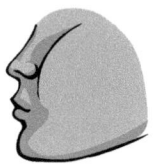

wang
kind

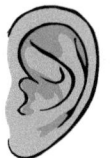

oor
øre

lippen
læbe

mond
mund

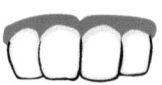

tand
tand

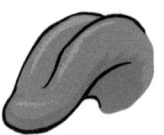

tong
tunge

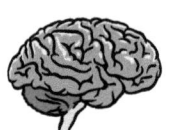

hersenen
hjerne

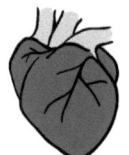

hart
hjerte

spier
muskel

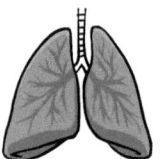

long
lunge

lever
lever

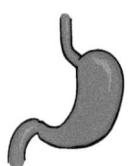

maag
mavesæk

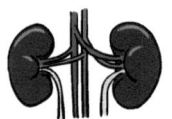

nieren
nyrer

geslachtsgemeenschap
sex

condoom
kondom

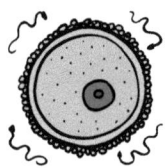

eicel
ægcelle

sperma
sperm

zwangerschap
svangerskab

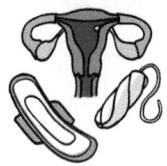

menstruatie
menstruation

vagina
vagina

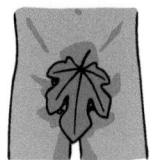

penis
penis

wenkbrauw
øjenbryn

haar
hår

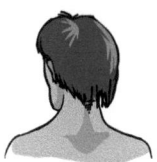

hals
hals

ziekenhuis
sygehus

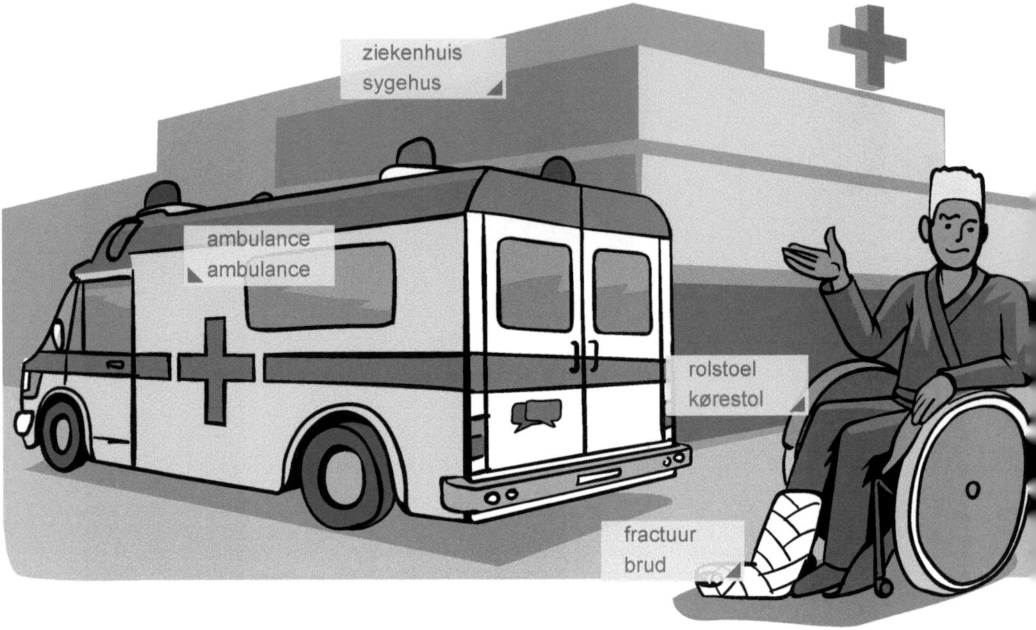

ziekenhuis
sygehus

ambulance
ambulance

rolstoel
kørestol

fractuur
brud

dokter

læge

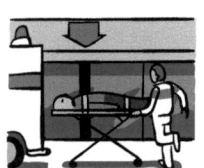

EHBO

akutmodtagelse

verpleegster

sygeplejerske

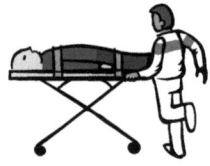

noodgeval

nødstilfælde

bewusteloos

bevidstløs

pijn

smerte

verwonding

skade

bloeding

blødning

hartaanval

hjerteinfarkt

beroerte

slagtilfælde

allergie

allergi

hoest

hoste

koorts

feber

griep

influenza

diarree

diarré

hoofdpijn

hovedpine

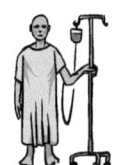

kanker

kræft

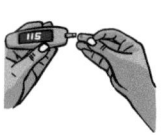

diabetes

diabetes

chirurg

kirurg

scalpel

skalpel

operatie

operation

CT
CT

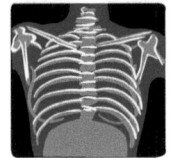

röntgen
røntgen

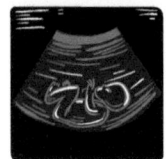

echografie
ultralyd

gezichtsmasker
maske

ziekte
sygdom

wachtkamer
venteværelse

kruk
krykke

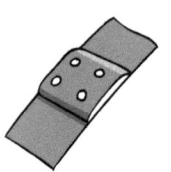

pleister
plaster

verband
forbinding

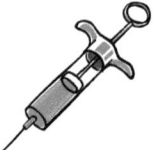

injectie
injektion

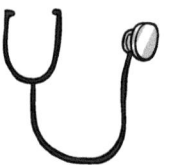

stethoscoop
stetoskop

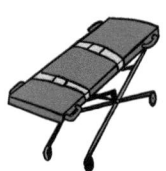

brancard
båre

thermometer
termometer

geboorte
fødsel

overgewicht
overvægt

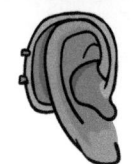

gehoorapparaat

høreapparat

ontsmettingsmiddel

desinficerende middel

infectie

infektion

virus

virus

HIV / AIDS

HIV / AIDS

medicijn

medicin

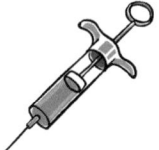

inenting

vaccination

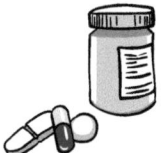

tabletten

tabletter

pil

pille

alarmnummer

nødopkald

bloeddrukmeter

blodtryksmåler

ziek / gezond

syg / rask

Help!

Hjælp!

alarm

alarm

overval

overfald

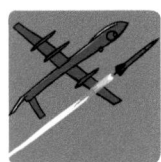

aanval

angreb

gevaar

fare

nooduitgang

nødudgang

Brand!

Det brænder!

brandblusser

ildslukker

ongeluk

uheld

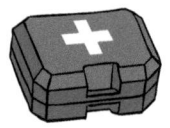

EHBO-koffer

førstehjælps-kuffert

SOS

SOS

politie

politi

Europa

Europa

Noord-Amerika

Nordamerika

Zuid-Amerika

Sydamerika

Afrika

Afrika

Azië

Asien

Australië

Australien

Atlantische Oceaan

Atlanterhavet

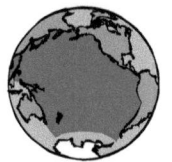

Stille Oceaan

Stillehavet

Indische Oceaan

Indiske Ocean

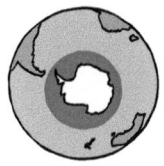

Zuidelijke Oceaan

Sydlige Ishav

Noordelijke IJszee

Ishav

Noordpool

Nordpol

Zuidpool

Sydpol

Antarctica

Antarktis

aarde

Jorden

land

land

zee

hav

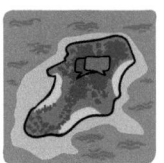

eiland

ø

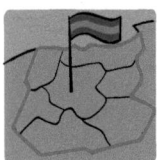

natie

nation

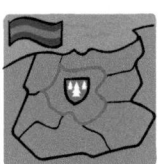

staat

stat

wijzerplaat

urskive

uurwijzer

timeviser

minutenwijzer

minutviser

secondewijzer

sekundviser

Hoe laat is het?

Hvad er klokken?

dag

dag

tijd

tid

nu

nu

digitaal horloge

digitalur

minuut

minut

uur

time

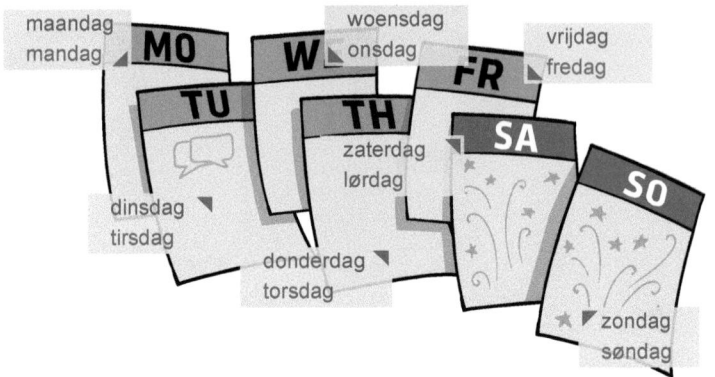

maandag
mandag

woensdag
onsdag

vrijdag
fredag

dinsdag
tirsdag

zaterdag
lørdag

donderdag
torsdag

zondag
søndag

gisteren

i går

vandaag

i dag

morgen

i morgen

ochtend

morgen

middag

middag

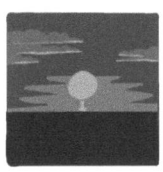

avond

aften

MO	TU	WE	TH	FR	SA	SU
1	2	3	4	5	6	7
8	9	10	11	12	13	14
15	16	17	18	19	20	21
22	23	24	25	26	27	28
29	30	31	1	2	3	4

werkdagen

arbejdsdage

MO	TU	WE	TH	FR	SA	SU
1	2	3	4	5	6	7
8	9	10	11	12	13	14
15	16	17	18	19	20	21
22	23	24	25	26	27	28
29	30	31	1	2	3	4

weekend

weekend

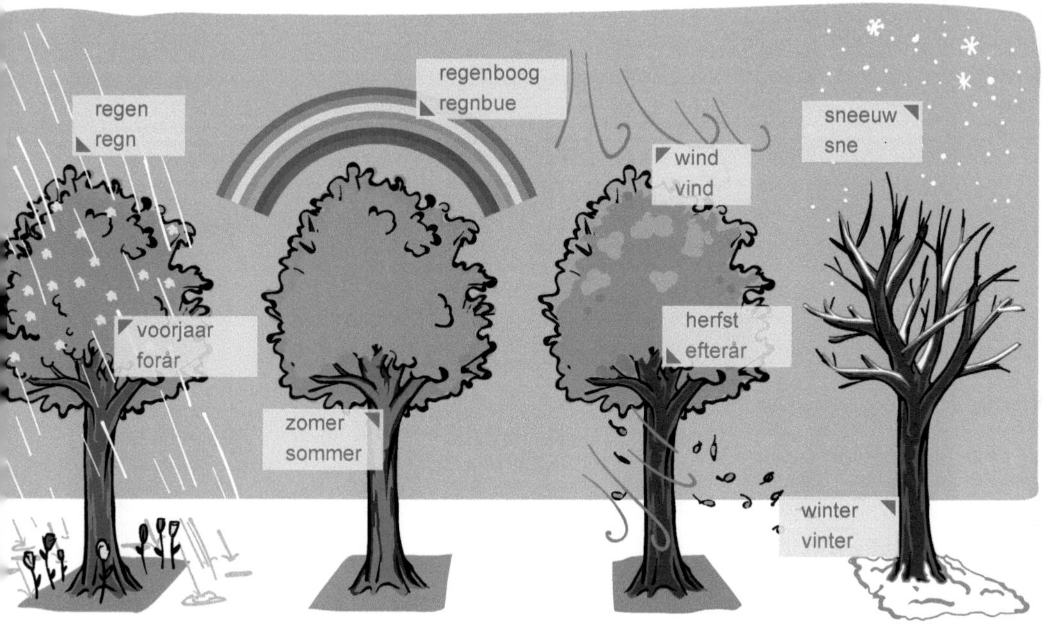

regen
regn
regenboog
regnbue
wind
vind
sneeuw
sne
voorjaar
forår
zomer
sommer
herfst
efterår
winter
vinter

4.APRIL 11°
5.APRIL 4°
6.APRIL 13°
7.APRIL 8°
8.APRIL 10°

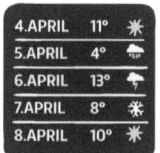

weerbericht
vejrudsigt

F
C
120
90
60
30
0
-30
40
30
20
10
0
-10
-20

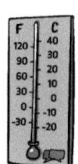

thermometer
termometer

zonneschijn
solskin

wolk
sky

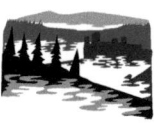

mist
tåge

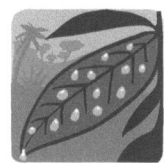

luchtvochtigheid
luftfugtighed

bliksem

lyn

donder

torden

storm

storm

hagel

hagl

moesson

monsun

overstroming

flod

ijs

is

januari

januar

februari

februar

maart

marts

april

april

mei

maj

juni

juni

juli

juli

augustus

august

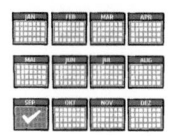

september
september

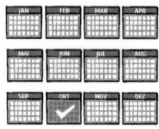

oktober
oktober

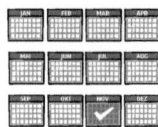

november
november

december
december

vormen
former

cirkel
cirkel

vierkant
kvadrat

rechthoek
firkant

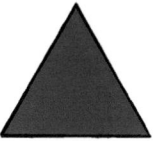

driehoek
trekant

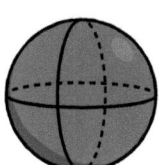

bol
kugle

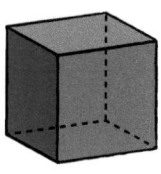

kubus
terning

wit

hvid

geel

gul

oranje

orange

roze

pink

rood

rød

paars

lilla

blauw

blå

groen

grøn

bruin

brun

grijs

grå

zwart

sort

veel / weinig

meget / lidt

boos / rustig

rasende / fredelig

mooi / lelijk

smuk / grim

begin / einde

begyndelse / slut

groot / klein

stor / lille

licht / donker

lys / mørk

broer / zus

bror / søster

schoon / vies

ren / snavset

volledig / onvolledig

fuldkommen / ufuldkommen

dag/ nacht

dag / nat

dood / levend

død / levende

breed / smal

bred / smal

eetbaar / oneetbaar

spiselig / uspiselig

gemeen / aardig

vred / venlig

opgewonden / verveeld

ophidset / kedet

dik / dun

tyk / tynd

eerste / laatste

først / sidst

vriend / vijand

ven / fjende

vol / leeg

fuld / tom

hard / zacht

hård / blød

zwaar / licht

tung / let

honger / dorst

sult / tørst

ziek / gezond

syg / rask

illegaal / legaal

illegal / legal

intelligent / dom

intelligent / dum

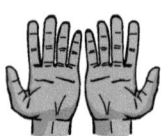

links / rechts

venstre / højre

dichtbij / ver

nær / fjern

nieuw / gebruikt

ny / brugt

niets / iets

intet / noget

oud / jong

gammel / ung

aan / uit

tændt / slukket

open / gesloten

åben / lukket

zacht / luid

stille / højt

rijk / arm

rig / fattig

goed / fout

rigtig / forkert

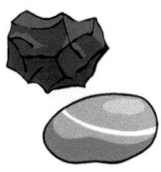

ruw / glad

ru / glat

verdrietig / gelukkig

ked af det / lykkelig

kort / lang

kort / lang

langzaam / snel

langsom / hurtig

nat / droog

våd / tør

warm / koel

varm / kold

oorlog / vrede

krig / fred

0	**1**	**2**
nul	één	twee
nul	en	to

3	**4**	**5**
drie	vier	vijf
tre	fire	fem

6	**7**	**8**
zes	zeven	acht
seks	syv	otte

9	**10**	**11**
negen	tien	elf
ni	ti	elleve

12
twaalf
tolv

13
dertien
tretten

14
veertien
fjorten

15
vijftien
femten

16
zestien
seksten

17
zeventien
sytten

18
achttien
atten

19
negentien
nitten

20
twintig
tyve

100
honderd
hundrede

1.000
duizend
tusinde

1.000.000
miljoen
million

Engels

engelsk

Amerikaans Engels

amerikansk engelsk

Chinees Mandarijn

kinesisk mandarin

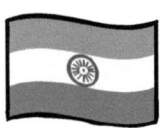

Hindi

hindi

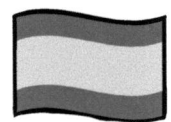

Spaans

spansk

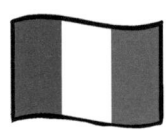

Frans

fransk

Arabisch

arabisk

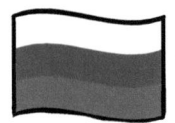

Russisch

russisk

Portugees

portugisisk

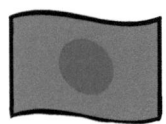

Bengalees

bengalsk

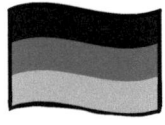

Duits

tysk

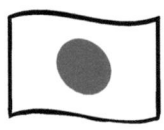

Japans

japansk

ik
jeg

jij
du

hij / zij / het
han / hun / den / det

wij
vi

jullie
I

zij
de

wie?
hvem?

wat?
hvad?

hoe?
hvordan?

waar?
hvor?

wanneer?
hvornår?

naam
navn

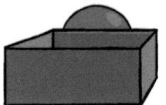

achter

bag

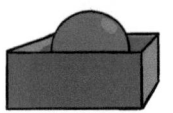

in

i

voor

foran

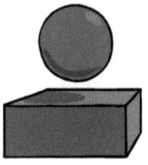

boven

over

op

på

onder

under

naast

ved siden af

tussen

imellem

plaats

sted